珍贵的历史文献 丰富的实景图片

呈现汉正街的往昔岁月

漢正街

Illustrated Chronicle of Hanzheng Street

图志

方三勤 著

長江出版傳媒

湖北人民出版社

图书在版编目(CIP)数据

汉正街图志/方三勤 著
武汉:湖北人民出版社, 2019.10
ISBN 978-7-216-09807-6
Ⅰ.汉… Ⅱ.方… Ⅲ.城市道路-武汉-图集 Ⅳ.K926.31-64
中国版本图书馆CIP数据核字(2019)第235673号

责任编辑:徐 艳
封面设计:姚一龙
责任校对:范承勇
责任印制:王铁兵
民俗顾问:熊国汉 杨占芬 张友海

出版发行:湖北人民出版社　**地址**:武汉市雄楚大道268号
印刷:武汉市金港彩印有限公司　**邮编**:430070
开本:787×1092毫米1/12　**印张**:17.5
版次:2019年10月第1版　**印次**:2019年10月第1次印刷
字数:280千字　**定价**:168.00元
书号:ISBN 978-7-216-09807-6

本社网址:http://www.hbpp.com.cn
本社旗舰店:http://hbrmcbs.tmall.com
读者服务部电话:027-87679656
投诉举报电话:027-87679757
(图书如出现印装质量问题, 由本社负责调换)

谨以此书献给曾在汉正街栖居、打拼、创业，创造汉正街历史的人们，以及心系汉正街发展、满怀汉正街情结的各位读者。

序

以情怀见证历史

方三勤请我为她的摄影集写序，我很纠结，但不能推辞，原因很简单：她所拍摄的汉口的老街老巷，尤其是汉正街、长堤街是我的出生地，是我的成长地，是我生命中永恒的血肉相连的记忆，是我的祖辈父辈还有我的孩子曾经生活过的地方。这些地方，在轰轰烈烈的旧城改造浪潮中，大部分都消失了。刚开始，我曾经带着自己的孩子，赶快去看这些老街老巷老房子，赶快向它们告别。有时，碰巧赶上正在拆迁，现场让人备感心痛无奈，只能在废墟里去捡一些残砖破瓦，搬回家中；有时发现了文物，例如我发现了山陕会馆的墙角地界碑，后来将它无偿捐献给了汉正街博物馆。旧城改造原是要将城市发展与文化保护有机地结合起来，是为了进一步改善人民群众的居住环境，适应城市的现代化发展，提升城市文化品位，但是，在拆迁浪潮中，有些被列入了文物保护名单的建筑，印刻历史肌理的老街小巷也被大刀阔斧地拆了。我曾经呼吁、呐喊，在许多公共场合慷慨陈词，但是，个人的呐喊只能是孤独无助的呐喊。

在这样的嘈杂喧闹中，方三勤悄悄地默默地出现了，一点儿也不显山露水，一点儿也不张扬高调。出于对这座城市的爱，对保护老城历史文化的责任感，出于为即将消逝的老城老街老巷老行当的人文关怀，为历史、为未来留下珍贵的影像资料，方三勤以一己之力，开始了她的摄影创作。为了更加方便地去拍摄，去记录，她甚至将工作调到了拆迁办公室，这样的认真执着，这样的人文情怀，令人肃然起敬。我曾经对方三勤说：你现在正在做的事情，是我曾经想做而未能做到的事情，是武汉这座城市迫切需要做但是很少有人做的事情，是历史与未来需要做的事情。现在，你做了，不但坚持做了下来，而且，还做了这么多，做得这么好，了却了我个人的一个心愿，也给历史与未来一个可视的念想。为此，我要向你致敬！

这篇序言，就是我的致敬。

作为一个摄影爱好者，我有幸先睹为快，沉浸在方三勤的纪实摄影所创造的独特世界里。她以女性敏锐而有温度的视角，将镜头对准了人，对准了那些生活在这些老街老巷里平凡普通的原住民，对准了老街老巷所沉淀下来的浓郁的原汁原味的生活。她的每一张片子，都是有故事的，都是有血有肉的，都是生活的一个鲜活的瞬间，都是人生一个难忘的时刻，时光好像被一只上帝之手定格，成为一种见证，一种永恒。那些看似随性的照片，其实是摄影家价值观与审美观最坚实的基石。那些平凡的农民工，那些

“扁担”，那些修车的、擦皮鞋的、捏糖人的、炕米粑的，那些裁缝、皮匠、剃头匠等等，都是活的老城、活的老街、活的老巷中的一道道风景线，他们的生存状态，他们的喜怒哀乐，才是方三勤最关心的，最在意的。于是，我们通过方三勤的镜头，几乎是零距离地接触到这个城市最深层的肌理，最真实的内核。我们那么真切地看到了他们的生活，他们在正在拆迁的废墟边，那么悠闲地打扑克，仿佛宠辱不惊；一位白发苍苍的老太太，怀抱着丈夫的遗像，等待拆迁；一个孩子在喧嚣的集市上做作业，一个石礅就是他的书桌；还有更多的人，故土难离，依依不舍地向自己熟悉的老家做最后一次告别。方三勤的作品，就这样构筑了一个独特的世界，如此现实，如此真切，甚至如此苦涩，那些坚硬的东西仿佛不可抗拒，但是，那些沉默的大多数，那些在命运面前保持着自己尊严的老百姓，那些长江汉水一样流动的生活，是不会被任意抹掉的。方三勤的这部摄影集，是一曲悲壮的历史挽歌，同时，也是这个城市历史的最好见证。

在这个日新月异的互联网时代，高科技大爆炸的时代，手机拍摄极大普及的时代，我们也迎来了一个图像大爆炸的时代。在每天数以亿计的大众图像中，我们的日常生活被一丝不苟地或者一丝不挂地被记录，那些美味佳肴啊，那些明星琐事啊，那些豪车豪宅啊，统统被记录，被传播。但是，很少有人去想到为那些即将消逝的历史，包括自己的故乡，自己的老家，自己的父母，自己的根，用图像做一个记录，留给后人。不久的将来，我们的子孙后代，将不知道故乡是怎么一回事儿了。就像我们现在，只能通过照片，去看老北京的城墙，将来的孩子们，也只能通过那些珍贵的老照片，去寻根，去重新认识过去的武汉。那个时候，方三勤的照片，方三勤的摄影集，将是认识发现老武汉一个绕不过去的图文文献。我相信，我们的子孙后代会研究，会反思，会庆幸，更会感谢：幸好她拍摄了这些珍贵的图料！

是为序。

2018年11月30日凌晨
于汉口白壁斋

中国作家协会儿童文学委员会委员、武汉市文联副主席、著名作家

三勤确实有"三勤"

认识三勤，还是在二十多年前。那时，三勤是江汉区地方志办公室的主任。

三勤的个子不大，但工作的劲头和精力十足，为了编好《江汉区志》，她组织班子，调配力量，起草方案，编写大纲，把《江汉区志》的编写工作搞得红红火火。可惜的是，《江汉区志》还没出版，三勤便因工作需要，调到了江汉区老龄办工作。得知她的调动，我曾经扼腕。因为，一个称职的地方志办的主任并不容易找到，在这个岗位上，要耐得住清贫，忍得住辛苦，坐得住冷板凳。而这些，三勤都做到了。

2015年，三勤主动请缨，从老龄办借调到了汉正街紫竹片征收指挥部。三勤的调动，对于地方志事业来说，或许是个损失，但对于三勤而言则是踏上了一个提升的平台，对于城市历史影像的留存而言更是件幸事，因为正是在这个岗位上，三勤拿起了相机，成为一个非常专业的摄影师。时值城市建设的大潮汹涌而来，承载了五百年历史的大汉口旧城区，部分将被摧枯拉朽般夷为平地。保留即将消失的城市影像，就是抢救城市的历史，也是为将来研究地方历史提供影像资料。三勤以一个曾经从事地方志研究工作人员的责任感、使命感，做出了让人刮目相看的成绩。

三勤的名字和她的特点很吻合，三勤确实有"三勤"：一是脑勤，二是腿勤，三是嘴勤。

三勤脑勤，是因为她是真正用镜头后的头脑在拍摄。她拍下了可以让后人去追寻和考证的街巷，也不断找寻值得留存的历史记忆和值得记录的文化因素；那些深埋于记忆中，却和重大历史故事直接牵连，值得挖掘的历史，被她用视频记录了下来。她拍摄了紫竹片区正在拆迁的照片，画面中升腾的灰尘和虽然老旧却依然风采不减的老建筑集中于一体，让人直面五百年历史的瞬间毁灭而痛心不已。新安书院有很多人拍过，三勤端起相机时，把侧重点放在了有三百年历史的斑驳老墙上，让古老的历史从墙上喷薄而出，很难相信这是一个小巧的女子所拍摄的。

三勤腿勤，她除了拍摄海量的城市拆迁影像，还用手中的相机和拆迁户建立了良好的信任关系。从紫竹片征收到清芬片征收，她帮被征收户留下和老屋的合影照片，也留下了对被征收户的人性关怀。我在三勤的办公室内看到冲洗出来的一摞摞照片，也亲眼见证三勤把照片送到被征收户的家中。有一张照片很有代表性：2015年11月，六合里有一户人家，11个兄弟分散在世界各地。按规定，签订房屋征收补偿协议时，11个兄弟必须全部到场，这样的相聚实在不易。三勤抓住这个机会，为11个兄弟拍下了一张难得的全家福。为了留住邻里亲情，三勤还为一起住了几十年的街坊邻居们拍合影。这些照片，不仅记录了被征收户的故事，也记录了在“征收”这一特殊的历史时期市民的复杂情感。我想说，被征收户的不舍和留念，也是城市历史的一个组成部分。而这个组成部分被许多人包括很多学者所忽略，但三勤敏锐地抓住了。

三勤口勤，因为她善于在与人交流时捕捉有价值的历史信息，大量的交流与采访，让她在口述历史方面收获颇丰。在清芬片区的积庆里71号，通过教育家江家瑞先生的孙女，三勤了解到大革命期间董必武在汉的一些革命活动，因为江家瑞和董必武、陈潭秋等人是挚友。在东汉正街片区新河巷27号，三勤也了解到户主刘凤高、杜丽福的祖上和晚清名臣曾国藩有密切关系，他们收藏有清朝咸丰、同治两代皇帝赏赐给曾国藩和曾国荃两兄弟的两件清代紫貂毛皮朝服等遗产以及蟋蟀标本若干。这些口述历史，对于武汉历史都有所补益。

“三勤”是一个整体，是一种精神。在城市征收和保留历史的竞赛中，三勤通过拍摄与采访，保留下了老街巷中不同的城市记忆和清晰的历史片断。也许在将来的某一天，在某一个研究课题中，我们会突然发现，有些内容和三勤留下的口述历史有关联；也许在将来的某一天，会有某一个人开始通过三勤留下来的历史影像寻找自己的根脉。这正是我们期待出现的情况。

当然，我们更期待三勤用自己的力量，不断为城市留下更多的历史影像，也期待三勤能把自己劳动的成果，不断地奉献给热爱这个城市的市民。

2019年1月

董玉梅

武汉文史馆馆员、文史专家

写在前面的话

汉正街，大汉口之正街，地处长江汉水交汇处，有着五百年商贸文化史。自古这里就有“十里帆樯依市立，万家灯火彻宵明”“货到汉口活”的传奇佳话。1979年，汉正街人敢为人先，率先在全国开放小商品市场，从此拉开了中国城市流通领域体制改革的帷幕，成为中国城市改革风向标。40年来，汉正街从最初103位个体户到如今商户数以万计，从只能单一经营小百货到如今所售商品涉及10多个专业大类30多万个品种，从创业之初的一条千米窄街到如今的现代商贸区，从传统商业到现在电商的介入，赢得了“天下第一街”的美誉。

汉正街片区也是武汉市最大的旧城区，人口密度大，市场过度发展，没有注重原创，没有注重品牌的涵养。2011年始，汉正街开始实行综合整治和市场的转型升级。然而，对于大武汉而言，汉正街蕴含了更多意义，这条斑驳却并不苍老的街道，承载了这座城市太多的记忆和辉煌。本图志用近年的汉正街的实景照片，辅以文字说明，反映汉正街的文化、业态、生活等，希望能为后人研究汉正街提供一些有用资料，为海内外读者了解汉正街乃至了解武汉打开一扇窗户。

民族街社区卫生服务中心

目录 Contents

Illustrated Chronicle of Hanzheng Street

漢正街

图志

漢正街 图志

Illustrated Chronicle of Hanzheng Street

街巷地标
Famous Street and Celebrity Homes

永远的铜人像

汉口三民路孙中山铜像系宋庆龄、何香凝、毛泽东、董必武、吴玉章等于1927年3月在汉口参加国民党二届三中全会时提议竖立的，汉口特别市政府于1929年开始筹建，1933年6月1日铜像落成。抗日战争时期它是抗战精神堡垒之一。1958年通车的武汉市第一条电车线——1路电车环绕始发于此。

摄于2015年8月。

辞旧迎新的汉正街

始称“正街”或“官街”，民国初年分段而称，1930年始统称汉正街。自明清以来，西段粮、棉、油、什业较多；东段以药材、参燕、金银为主；中段百货、布匹、山货等业居多。跨武汉市硚口、江汉两区。1979年汉正街被辟为小商品批发市场。2008年汉正街片区共建有小百货、文化用品、服装鞋袜、副食等70余个专业市场，2011年起武汉市政府决定对其进行综合整治和市场的转型升级。

年历批发市场提醒着人们就要辞旧迎新了。

摄于2014年1月。

品种齐全 全市最低
专营
对联
老字号精品挂历 全市最低
挂历
对联
日台农历 品种齐全
婚庆用品
喜糖专卖
糖果批发
青山日化
团购批发
超市配送

代表地道汉口味的六渡桥

六渡桥地名来源有多种说法，其中一种认为，它源于1635年筑袁公堤（今长堤街）时形成的玉带河，因河上一座木桥紧挨“六度庵”而得名，当时它是玉带河上30多座渡桥之一。今天的六渡桥是三民路一带的泛称。20世纪80年代中期，由于周边商业繁荣、人流密集，为了分流地面的行人，不影响道路行车，修建了这座天桥。为修建地铁，2014年12月人行天桥被拆除，拆除前许多市民前来合影依依作别。

摄于2014年8月，已拆。

13317124646
亞飛擔保
YAFEI GUARANTEE
卓越十年 · 飞跃百载
2003-2013
客服电话：400-882-1358
13317124640
13317124646
鞋汇
迪信通
Z'DORZI
桥南商场
MILO
KTV

武汉第一街——中山大道

清光绪三十三年(1907年)拆除汉口城垣，沿城基修建后城自硚口至歆生路（今江汉路）马路，1928年后按照南京政府关于全国大城市第一主干道命名中山路的规定更名为中山路。1943年，汪伪汉口特别市政府将中山路向东延伸，分三段，原路名改为中山西路和中山中路，中山东路则包括江汉路以下原英俄法租界区今中山大道段和一元路以下原德日租界区今胜利街段。抗日战争胜利后，汉口市政府于1946年将三段合并，命名为中山大道（将一元路以下胜利街段改为与之平行的旧汉景街和平和街段，形成错位路）。中华人民共和国成立后经多次翻修、改造、加宽，面貌焕然一新。从三民路（六渡桥）到江汉路商铺林立，是武汉最繁华的地带之一。至今留下南洋大楼、民众乐园、水塔、武汉总商会、中国银行等近代建筑。1949年5月解放军由北向南解放武汉，人们在中山大道排着长队迎接进城的解放军。2016年始每年汉马活动人们也在中山大道齐聚，为汉马队员加油。

摄于2014年2月。

13317124646
三菱眼镜超市
龙文教育
迪信
中国移动通信
CHINA MOBILE
Z'DORZI卓多姿

因打码头而生的汉口沿河大道

位于汉口城区西南隅，沿汉水北岸呈东西走向。该路以紧依汉水而得名，为武汉市区交通干线之一。明清以来，因袁公堤（今长堤街）、张公堤兴建，汉口城区面积大为拓展，汉口逐渐发展成为商业重镇，沿河自下而上先后出现了龙王庙、集家嘴、沈家庙、老官庙、杨家庙、艾家嘴等码头。晴川桥、江汉桥、江汉二桥、江汉三桥、江汉四桥和京广铁路分别横跨此路。1998年武汉夏秋汛期中，武汉最高水位达29.43米，武汉告急，龙王庙告急。党和国家领导人江泽民、朱镕基、温家宝亲临龙王庙视察水情，勉励防汛将士。此地留下了“誓与大堤共存亡”的佳话。

摄于2015年11月。

宜萱
CBD定制豪宅
泛海国际 香海园
8352 7777
2015香海国际杯
CBD创意家设计大赛
宜萱
12月
新金海毛线市场
GOLDSEA HOTE

湖南人聚落的宝庆正街

东南起沿河大道，西北止宝庆二街。门牌号为单号1—77号，双号2—76号。宝庆街形成已三百余年。清初，汉口市镇兴起之初，湖南宝庆府（辖今新宁、新化、邵阳、武岗等县）客商，将煤、杉、竹、纸、茶等土特产品，经洞庭湖水运汉口，并纷纷在此搭棚建房，渐成街巷。清咸丰年间，宝庆府在汉商人在此建成宝庆会馆，继而在汉水入江处北岸修建宝庆码头以运货，此街因之得名宝庆正街。附近街巷亦多由此派生得名，如宝庆二街、宝庆三街等。至拆迁前此房屋大多改建，居民仍多湖南籍，仍操湖南口音，乡土气息甚浓。

摄于2015年1月，已拆。

挑水者的大水巷

北起汉正街，东南抵沿河大道。门牌号为单号1—169，双号2—170号。此巷系百年老巷。1967年改名红缨巷，1972年复名大水巷。汉口故为湖沼之地，地下水杂质多，水垢厚，硬度高，味涩质差，不宜饮用，故形成市镇以后，当地居民长期靠从汉江挑水，以明矾澄清饮用，少有凿井取水者。当时从长堤街、汉正街直到沿河一带，开辟了若干水巷，以便挑水、卖水者通过。清末徐志《汉口竹枝词》曰：九达街头多水巷，炎天时节不曾干。在众多的水巷之中，此巷独宽，来往挑水者最为频繁，故称大水巷。清光绪三十二年（1906年）汉口始兴水厂，1909年水厂、水塔落成供水，但仅限于富户。闹市之区，窄街小巷居民仍挑水饮用。中华人民共和国成立后，随着城市建设事业的发展，自来水管网密布，大水巷以及其他曾为水巷的巷道，已修成简易沥青道路。2006年该巷西侧建起汉正街第一大道。

摄于2015年3月，已拆。

大水巷
南 DA HUI XIANG 北

沈家庙的汉正下河街

位于硚口区东南部，汉正街东段与沿河大道之间。西北接汉正街上河街，东南抵沿河大道，门牌号为1—23号。清同治年间，沿今五彩正巷、永宁巷、大水巷、广福正巷、汉正下河街一线辟有人工河，称新河。清末，新河淤塞干涸，渐成居民区形成街道，以近沈家庙码头得名沈家庙河街，并分成上、下河街。此街称沈家庙下河街，1967年改名大庆正街。1972年改由汉正街派生得今名。两侧多新建楼房，旧貌大多不存。南口汉水岸为肥料专用码头。

摄于2014年5月，已拆。

纪念统一的统一街

清同治三年(1864年)，汉口市镇筑半月形城垣后，城堡代替长堤堤身挡洪水功能，始有人建土屋居住，沿堤形成狭长、弯曲的居民区和街市，分段为半边街、港边、土垱街。1928年此街三段合一，命名统一街，以示全国统一的成功。一度形成著名的“书局街”。2015年后南边有一个菜市场，所以两侧以餐饮、副食、手工作坊等商业门点为主。最南站是鞋店。民权路口有一所回民小学，2017年始作为汉正街紫竹片二期征收指挥部。往北左边是五金市场。

摄于2014年3月，已拆。

施天然富硒茶
茗丰茶场武汉直销处
2013
浆
约

怀药闯天下的药帮一巷

明末崇祯年间，河南怀庆府的一些药农带着药材来汉销售，在保寿桥一带的小巷住下，就地出售中药材，久而久之形成“帮口”，人称“怀帮”。这是汉口最早的药帮，这条无名小巷因此得名“药帮巷”，并由之衍生出“药帮大巷”“药帮一巷”“药帮二巷”等。除了“怀帮”，还有“汉帮”“浙帮”等在此经营药材。以前汉正街一带许多小巷都是青石板铺就。随着城市的发展，这种青石板路逐渐被水泥路取代。药帮一巷的这条青石板路，如今是武汉最长的一条青石板路，这些青石板，饱浸城市印记，更记载着江城的码头文化和江湖史。当年怀庆府的药材商就是在这条路上进进出出的。

摄于2016年4月。

武汉市文物保护单位
药帮一巷石板
武汉市人民政府

曾经的渡口大泉隆巷

系清代老巷，由泉隆巷派生得名。清道光年间，是汉口居民春天去汉阳踏青游春的重要渡口。叶调元《汉口竹枝词》写道：泉隆巷口人争渡，半是看花半上坟。该巷居民稠密，房屋均于20世纪40年代所建，院落的二层阳台模样别致，都是向外凸出的建筑风格，22号还有西欧风格房屋立柱，拆迁前多住老年人和出租户。

摄于2014年8月，已拆。

三位药材老板合建的同兴巷

位于硚口区东南部，利济路东侧。门牌号为单号1—35号，双号2—24号。清末成巷，由建新药材行老板肖亚堂、茯苓药材行老板周汉香、祥茂永商号老板万秦川等合资在此建房成巷，取名同兴巷。1967年改名大庆十五巷，1972年复原名。巷道狭窄，不通汽车。

摄于2015年6月，已拆。

錦光驾校
面对现实谈补偿
合理补偿快交房

因警署而得名的三曙街

位于长堤街与汉正街之间。东西走向。东起广货巷与大夹街西端相交处，西止于利济路。水泥路面。门牌号为单号1—73号，双号2—48号。清末民初成街。因民国汉口市第三警察署驻此，故名三署街，1967年改名反修街，1972年改名三曙街。居民稠密。为汉正街市场内主要商业街之一，以服装销售为主。

摄于2017年6月。

鄂A·JN580

源自神话传说的五彩正巷

位于硚口区东南部，利济路东侧，汉水街与沿河大道之间。北起汉水街，南抵沿河大道。门牌号为单号1—129号，双号2—116号。系清代古巷；始名五彩坊，因多扎制纸人纸马作坊而得名。附近小巷，亦多由此派生得名。关于名由，民间有美好传说：昔有凤凰栖于龟山，羽色艳丽，某财主贪恋其姿色，欲乘夜色朦胧擒之，凤凰惊起，展翅北飞，挣扎中脱落九根五彩缤纷的羽毛，落地后两根并排而列，七根纵横散落。后居民依彩羽建房，遂成大、小巷道，故以五彩为巷名。此巷为五彩诸巷中的最长巷，称正巷。1967年改名江汉正巷，1972年复名五彩正巷。两侧多老式砖木楼房，居民稠密，巷道狭窄，汽车禁行。为市场密集地段。

摄于2014年1月。

改名换姓的敦睦里

民国初年由刘姓业主建房成里，刘氏宗祠称永厚堂，故此得名永厚里，1943年，房产为黄焕章所有，黄取“敦厚和睦”之义，改名敦睦里。那时，河南孟州兴起猪鬃加工业，位于汉口的猪鬃代理洋行——华昌号就设在敦睦里2号。

摄于2015年8月，已拆。

五彩正巷
Main Wucai lane
(S)南
北
年画

被列为遗址保护项目的积庆里

建成于1924年，初名同善里，位于中山大道中段，内有一纵四横共八条巷道。1935年按照古人“积善之家必有余庆”之说，改名积庆里。1938年10月武汉沦陷后，积庆里沦为日军慰安所所在地，成为中国人禁入之地。抗日战争胜利以后，有不少朝鲜慰安妇留了下来，并与当地人结婚成家，一直生活在武汉。中华人民共和国成立后，政府对积庆里进行整治，此地成为居民区，武汉市儿童迷失站曾设于此，江汉区政协曾在此办公，武汉市著名艺术家陈伯华曾居住此。2017年11月清芬片征收时居民迁出，房屋整体维修保护。

摄于2017年12月。

新华日报社旧址

1937年10月，《新华日报》在南京着手筹办。1938年1月在武汉正式发行。新华日报社选址府西一路149号（今民意一路大陆里4–9号）。后因报纸营业扩大，于同年8月迁至府东五路（今前进五路）。为居民住宅，大楼右侧镶嵌有“武汉市文物保护单位”的大理石牌匾。

摄于2013年3月。

20823
有电危险
请勿触摸
新華日報社舊址
(大陸里四至九号)
一九三八年
湖北省武汉市人民政府
一九八三年四月七日公布
武汉市人民政府立

盐帮组织的淮盐公所旧址

清代为汉口官府指定的湖南、湖北淮盐转运分销口岸，淮盐商人在武圣庙一带置产业定居与交易，形成淮盐巷，后扩展至淮盐一巷、淮盐二巷，在淮盐巷设立淮盐运商组织——淮盐公所。史载咸丰元年（1851年）经此运销的淮盐达2亿公斤。盐商们大获暴利后，将所居的淮盐巷修成当时汉口最好的里弄。该巷是一色的雕花木结构过街楼。1921年，外埠的久大、通益等公司的精致盐来汉倾销，淮盐贸易及淮盐巷开始衰落。

摄于2014年4月。

雷祖殿旧址

雷祖殿建于清末，属道教庙宇。雷祖是汉族神话中主管打雷的神。古人对打雷这种自然现象不十分了解，因此逐渐演化出一系列有关传说。在古人的理念中，雷神是惩罚罪恶之神。人如果做了坏事或违背誓言，就有可能遭五雷轰顶死去。民间把雷神的生日定在农历六月二十四日，这天要举行祭祀仪式。寄托了劳动人民祛邪、避灾、祈福的美好愿望。

清末汉正街地区的雷祖殿常为同业商人聚会议事之所。如土垱雷祖殿1684年为米业商人所建，1865年后改称米市公所；燕山桥雷祖殿1858年为豆丝业公会所建，此雷祖殿称下路祖殿。开始所处的位置称为青莲巷，后改为武胜一巷。

摄于2015年9月，已拆。

基督教会的救世堂

坐落于汉水汉口汉正街段旁，它的前身是1867年修建的福音堂。1931年富有教民捐资，英国牧师范克林设计，在福音堂原址上建成这座中西建筑风格融合的救世堂。当年武汉发大水，教堂曾收容灾民；1938年日军占领武汉后，教堂也曾救助过大量流离失所的难民，并运送他们向大后方转移。20世纪六七十年代，救世堂曾被用作武汉市第四医院的会议场所；20世纪80年代恢复礼拜活动，现除为礼拜场所外，也为市民举行西式婚礼之地，平日里还有很多学习和活动在此进行。

摄于2016年9月。

以馬内利
肃静
肃静

新古典主义风格的匹头公会会所旧址

位于江汉区二盛巷55附1号，属文艺复兴式建筑，建于20世纪30年代。为2012年武汉市政府公布的第七批一级保护优秀历史建筑。立面处理大气，横向三段式结构，正立面二至三层由两根爱奥尼柱通高支撑。主楼梯位于建筑右侧后部，水磨石地面，吊顶装饰线条及柱头保存完好，此为主楼梯一角。

摄于2017年5月。

敦仁里旧址

清末由德升、德兴等药材行老板建房成里，取“敦厚仁义”之意取名敦仁里。

摄于2014年5月，已拆。

承载三百年徽派文化的新安书院旧址

清康熙七年（1668年），徽属六邑（即安徽歙县、休宁、祁门、黟县、婺源、绩溪）旅汉商人修建新安公所；康熙三十四年(1695年)改建为新安书院，又名紫阳书院；康熙五十六年(1717年)扩建西厅；康熙六十年(1721年)修建学堂。位于新安街与大夹街交会处。在新安巷内的青砖墙上可看到“新安书院”字样，现存建筑内还可看到精美图案。

摄于2011年5月。

长沙商人的长郡会馆旧址

位于大董家巷28-40号，2016年11月，江汉区大董家巷34号一带进行危房拆除时，发现一面墙体上有“长郡□馆”字样的清代砖墙以及部分建筑结构，从而认定此为清代长郡会馆遗址。长郡会馆（又名长沙会馆、长沙郡馆）始建于清道光初年，咸丰年间毁于兵燹，1866年由旅居汉口的长沙府商人集资重修，系湖南同乡在汉口集会和寄寓之所，长郡会馆馆名上方还有一方汉白玉石，上竖书“禹王宫”。原有32米多高的石狮，一雄一雌，二石狮20世纪80年代移至江汉公园，后被市园林局调拨至黄鹤楼景区。会馆里面有钟楼和鼓楼。

摄于2016年11月。

革命书籍第一店——汉口长江书店旧址

是大革命时期中国共产党在武汉地区公开出版发行马列主义著作和革命书刊的第一家书店所在地。该书店初设于血花世界（今新民众乐园）下首。1927年5月搬迁至此，并在全国许多城市设立了分店和特约代售书店。“七一五”反革命政变后，该书店遭国民党反动派无理查抄、封闭，被迫停业。现为初开堂中药商店。

摄于2013年4月。

CKT
中山大道
371
武汉市文物保护单位
長江書店舊址

被整体平移保护的义勇消防总队旧址

位于硚口区安徽街5号，建于1920年，北邻中山大道，南接长堤街，曾是汉口义勇消防总队部的办公场所。建筑为一幢三层红色小楼，高13.3米，总建筑面积约540平方米。1911年3月，汉口各商团发起组建民间群众性救火组织，成立“汉口各团联合会”，下辖各地段保安会、公益会、救患会等街邻消防组织。民国中后期先后改称汉口市保安联合会、汉口市公益联合会，下辖民间消防组织按顺序号改称分会。1920年建造这栋西式楼房。消防队员由商店、行栈职工组成，自愿参加，不计报酬。所需救火设备费用，由各地段商户筹集。据史料记载，该联合会最多时下设48个分会，拥有消防车（时称“汽龙”）24辆。1937年全面抗战爆发后，该会成立义勇消防总队部，并与市警察局消防队合并。中华人民共和国成立后，被武汉市公安局消防处接管，将原作为办公用的大空间分隔成若干部分，分配给市民作为住宅，并进行了扩建。

2011年，武汉市政府将其列为市文物保护单位。目前，居民已搬出。2016年5月5日，汉正街银丰片旧城改造时异地保护，整体往东平移70米。

摄于2015年9月，已平移。

汉口晋和铁号组屋旧址

晋和铁号开业于清光绪二十二年（1896年），经营铜、铅、铁、锡、钢材，店中配备大型电动剪刀，可裁剪各种型号金属板材，生意渐旺，曾一度几近垄断武汉的金属市场。

摄于2016年6月。

徽帮汉口打码头第一站准提庵旧址

五百年前徽帮从新安江流域来到长江与汉水交汇口开拓市场，鼎盛时期其商户数占据汉口半壁江山，为汉正街的形成创造了永载史册的商业传奇。此地带为徽帮在汉口最早落脚地。

摄于2017年7月。

董必武旧居

位于府西一路安仁里1号，是董必武1937年9—12月在武汉从事革命活动时居住的地方。故居亦是抗日战争时期国共合作时的八路军武汉办事处筹建初期的办公处所。周恩来、董必武、项英等都曾在此工作和生活。系20世纪30年代私人修建。现为居民住宅。

摄于2015年8月。

向警予旧居

位于江汉区民权街永福里9号，是大革命时期向警予在武汉从事革命活动时曾经居住过的地方。为一幢二层的砖木房。建筑基本保留着当年原貌，现为居民住宅。

摄于2018年4月。

福
福
请将车
有序停放

9

玉带河上一古桥——保寿桥

清道光十四年(1834年)，由山陕水烟号商人集资修建，是当年汉口玉带河上30多座桥中唯一露出地面留存至今的古桥。中华人民共和国成立初期，保寿桥下还是有河的。后来随着附近环境的变化，河道逐渐被废弃，填平成街道。1988年12月10日，武汉市政府公布保寿桥为市文物保护单位。2016年中山大道银丰片旧城改造大片拆除，古桥显露真容，为避免在建筑施工中受损，曾整体平移。

摄于2015年9月。

武汉市文物保护单位
保寿桥
武汉市人民政府
一九八八年十二月二十五日公布
武汉市人民政府立

汉口慈善会旧址

位于武汉市硚口区中山大道217号。清宣统二年（1910年），汉口各善堂成立“汉口慈善机构善堂联合会”，辛亥革命后改为汉口慈善会，以商界人士蔡辅卿为会长。1916年汉口慈善会在此地新建大楼，作为该会会所。汉口慈善会除济赈施药、施棺收埋外，并附设惜字公会、慈幼小学等机构，楼侧建有武汉最早的中西医结合医院。1927年，武汉市政府在此成立。抗日战争期间，该楼为日军侵占。抗战胜利后，又为驻军机关，仅孤儿院内办有小学。中华人民共和国成立后，由人民政府民政部门接管。原有的孤儿院房屋陈旧，拆毁改建为新式楼房，建立了新汉塑料厂，安排聋哑人就业。慈善会会址及中西医院楼房，原为解放军卫生机关所在地，后改招待所，现为武汉市体检中心。

摄于2016年4月。

汉口红十字会医院旧址

位于硚口区新安街药帮一巷8号，西式三层楼房，占地面积为210平方米，1933年1月中国红十字会汉口分会在此开办。武汉沦陷前夕，该院停办，抗战胜利后复办。中华人民共和国成立后，该院迁至汉口沿河大道。原址房产由武汉市红十字会接收。1972年租给硚口区新安街办事处作办公用房。2000年后改为新安街派出所用房。2007年房屋腾空，作为历史建筑予以保护。

摄于2019年4月。

万寿宫旧址

位于白布街，现花楼街。为江西帮会馆旧址。图中显示的横匾和门框为万寿宫仅存遗物，石库门上镶嵌的是清道光年间题刻的“文光西照”汉白玉横匾，现位于武汉市第七中学内。

摄于2016年11月。

栖隐寺

始建于唐代，是中国古代二十一大丛林之一，也是民国年间武汉唯一的尼众丛林。汉口佛教正信会（初名汉口佛教会）会所设于栖隐寺一侧。

摄于2015年8月。

文光西照

棲隱寺
39

Illustrated Chronicle of Hanzheng Street

漢正街

图志

漢正街
图志
Illustrated Chronicle of Hanzheng Street

百业百工

Various Walks of Life and Occupations

汉正街的“扁担”们（一）

武汉人把用扁担代客挑货的人直接戏称作“扁担”。“扁担”们会在每天早上7点前，将用面包车送来的货物挑到各商家的经营门点上，他们是活跃在汉正街小商品巨流中的“细胞”。

摄于2017年6月。

汉正街的“扁担”们(二)

每天天还不亮的时候，从四面八方赶来的大货车抓紧时间进城卸货，“扁担”们要在天刚蒙蒙亮的时候到达晴川桥下，将送来的货物按照收货人地址进行分发，开启日复一日的市场脉动……

摄于2015年8月。

汉正街的“扁担”们（三）

由于白天限制货车进城以及街道的狭窄拥挤，“扁担”们就充当起汉正街物流的活跃“细胞”。不管刮风下雨，还是冰雪连天，随时等待雇主呼叫的“扁担”们聚在一堆，在难得的空隙南腔北调地聊聊刚刚的收益，并“警惕”周边雇主走过来呼叫的“商机”。如今，很多的“扁担”把双肩的扁担换成了新的“吃饭家什”——三轮电瓶车，一天下来轻松了不少，运货量也开始倍增。

摄于2018年1月。

“过早”的热干面摊

与“扁担”们比赛早起的还有汉正街早点的经营者们。武汉人把吃早餐称作“过早”，而热干面是武汉最著名的小吃，不仅武汉本地人喜欢，四面八方来到武汉的外乡人也喜欢这种用醇香的芝麻酱调配出来的美食。位于宝庆七巷的腊生热干面馆已经营业近30年了。每天一开业，即将忙碌一天的食客们就塞满小巷。这种只用捞子在滚水里氽一下，再加上各种佐料就可食的面品代表了武汉人“刷拉”的城市个性，也是很多离开了武汉移居他乡的人们忘不了的“乡愁”。难怪2014年2月，武汉热干面正式申报国家级“非遗”。

摄于2014年12月，已拆。

炕米粑粑的大叔

大米是鱼米之乡湖北的主食，米粑粑就是将大米浸泡磨成米浆，稍经发酵后，在平底锅里用小火双面煎制而成，双面煎烤后折成一对对的，所以也叫对粑粑。同样早起的大叔对于自己的辛勤劳作很满足，满面笑容地喂饱汉正街人异常匆忙的胃。

摄于2014年3月，已拆。

料特色热干面
全料热干面
牛肉、牛肚每份
全料凉面 5元
绿豆汤 5元
米酒 2元
蛋酒 2元
清酒 2元
红枣银耳汤 2元
正宗口味
值得回味
原磨豆浆
全料爽口凉面
每份5元
腊生热干面

桂记热
重庆特色担担面
湖南正宗蜂蜜琪玛酥

送煤工

在液化气和管道天然气没有延伸到的地方，蜂窝煤是汉正街老城区居民做饭煨汤和餐饮食肆首选的燃料。现在只要还有需求，送煤工仍然会不辞辛劳地将煤从郊外的蜂窝煤厂送到主顾家里。

摄于2015年7月。

祖传画像、烧瓷像店

在照相还是一种时髦和奢侈的年代，位于清芬三路的祖传画像门店曾经生意兴旺。数字成像的网络时代发展起来后，传统画像业务被慢慢取代。好在烧瓷像成为故人墓碑上的新时尚，客户遍布武汉周边。客户只需从网上传来故人相片，店主做好后邮寄给客户，最后客户网上支付就搞定了，翻印、修复老照片也有市场需求，只是随着拆迁的到来，祖传的店面也要换新址了……

摄于2017年6月。

集家嘴市场

《汉口丛谈》载：明嘉靖元年（1522年），世子朱厚熜从钟祥出发，经此赴北京继皇位，因此这个渡口被称为“接驾嘴”，后又改称“集家嘴”。汉正街从此孕育了龙兴之气。20世纪80年代，集家嘴紫阳菜场拆除，建紫阳大楼。1987年，一楼布匹市场开业，之后二楼窗帘大世界开业。图为集家嘴市场一角。

摄于2018年7月。

从青年到中年——拽不住时间的修表人

“70后”李灯平来汉从事快修名表业务已20多年，从毛头小学徒到中年专业店主，见证着汉正街的步步蜕变。

摄于2018年6月。

麻将
麻将

快修名表
配电池
换表带

在汉正街经营30多年的布匹经营户

30多年前，汉正街小商品市场的春风吹到了河南固始县的周氏一家，周氏夫妇来到这片热土，在汉正街租下一间铺面从事布匹生意。从纯批发到批零兼营，从销售布匹到自己加工床单、被褥，从门市销售到电商平台相结合，周氏家族不断扩张着自己的商业版图，周家的营生也从父辈传承到了子辈，辐射到武汉周边和远离这里的南方各地……

摄于2016年5月。

来汉正街轻纺城购物的外国留学生

喜欢光顾汉正街的除了南来北往的中国人，还有越来越多的外国人。近年来，东南亚国家等地给汉正街的服装订单也多了起来。

汉正街轻纺城销售的轻纺织品，不仅花样繁多，而且价格合理，适合不同人群的需求。图为来汉正街轻纺城购物的外国留学生正在挑选她们心仪的衣服面料。

摄于2015年6月。

在汉正街经营近30年的祖传弹棉花作坊

20世纪90年代，湖南道县的何开喜刚刚结婚，便听说了汉正街小商品市场生财有道的消息，他带着媳妇何租芬和祖传的弹棉花技艺到了花楼街。经他们手工弹出的棉花蓬松柔软,是远近居民们的抢手货,客户远至浙江、河南和湖北省内其他县市。在物质生活水准已大幅提高的今天，许多人依然偏爱手工弹出的棉花被，所以他们的棉花被仍然有市场。

摄于2017年6月。

民权街贤乐巷的改衣一条街

在许多上了年纪的人印象中，翻改衣服乃是20世纪六七十年代的事。而今，当人们过上小康生活，服装修改却又在不知不觉中悄然时兴起来。民权街贤乐巷不知何时成了改衣一条街。改牛仔裤、改衣裙、改腰部、改裤边……做了20多年生意的肖师傅改衣店，深受顾客喜爱，曾被多家媒体宣传报道过。

摄于2015年6月。

PING AN

武漢晨報
楚天都市報
报导推荐·驰名老店
肖師傅改衣
武汉电視台
武漢晨報
楚天都市報
改衣改腰打裤边
报道推荐
驰名老店

打火机王国的“国王”

兰师傅是在汉正街做打火机出名的，20多年前一元钱的打火机，今天几乎还是一块钱，此价格巩固了他汉正街的打火机王国“国王”的地位，“国王”的领地就是这巷口延伸出去的一个平方米的空间。20多年的操持，风雨无阻的出摊，靠勤劳养活一家人。其店铺兼带电池、扑克牌等小商品生意。

摄于2014年1月，已拆。

清芬五金市场的锁具店

说起清芬路，人们都知道它曾是汉正街五金批发市场所在地。这里用自己的房子经营而不出租的本地人很少，清芬路37号的徐家就是这少数者之一。1992年起，徐家做锁具系列产品生意至今，经销的产品达3000多种，成为汉正街锁具业中较大的店铺。徐家用自己的“钥匙”打开了致富的大门。

摄于2018年8月。

即配 即取
文兴
钥匙复制机

铁匠出身的磨刀人

俗话说，磨刀不误砍柴工，汉正街香包城、电器城、服装城的众多企业和店铺需要用刀裁剪，自然他们的刀就经常需要行家来打磨。从20世纪80年代开始，胡师傅就在满春街一带走街串巷，浓浓黄陂口音的“磨刀”吆喝声提醒着主妇和店主们查看自家刀具的钝缺。胡师傅靠磨刀手艺挣得了一套位于黄陂盘龙城的住房。他晚上将磨刀工具寄放在满春街，早上再从市郊乘地铁进入市内，虽然也还在走街串巷，但更多时候是为企业磨刀服务了。

摄于2015年10月。

“轰隆一响，米泡万两”——炸米泡的孙师傅

米泡是湖北方言，类似北方的爆米花，区别在于前者是大米膨化而成，后者是玉米膨化而成。炸米泡是不少成年人儿时的回忆。炸米泡已成为孙善新生活的重要部分，他的摊点也成为街头巷尾的一道游动的风景。女儿想接其去蔡甸养老，但孙师傅不愿丢下他退休后维持了30多年的炸米泡“事业”。

摄于2017年12月。

中华民族伟大复兴
民主 文明 和谐
平等 公正 法治
敬业 诚信 友善
志愿精神
友爱 互助 进步
跟着共产党

照看生意和孩子的店主

汉正街一桥附近经营日用百货的店主边照看店面边照看着未满周岁的宝宝。汉正街的不少生意人年轻的时候就从异地来到汉正街创业，他们不仅要照看自己的生意，还要在繁忙的间隙照看自己的孩子，抚养他们长大成人，经历了比一般人更多的艰辛。

摄于2014年8月。

喜铺里穿梭的孩子

节庆的日子需要仪式感，我们生活在一个各种节日、庆典丰富的国度，各种装点自然少不了。汉正街喜铺里挂售的各式各样的春联、窗花、福字、红包或者大红喜字、胸花、彩带、电子烟花等，真是让人看花了眼。婆媳俩操持着公公生前留下的喜铺，孩子们放学放假后，也喜欢嬉戏在这喜庆的氛围里。

摄于2015年2月，已拆。

“顶尖”的生意——帽店

汉正街经营这“顶尖”的头上生意的帽店始于20世纪90年代，种类繁多的帽子如绅士帽、宽檐帽、草编帽、遮阳帽、针织帽、棒球帽、鸭舌帽、贝雷帽、画家帽、军帽、睡帽、礼帽等等，跟随着时代的潮涌，扮靓着追求时尚的男男女女、老老少少。但2010年后，由于电商的冲击，这家实体店“顶尖”的生意面临着极大的考验。

摄于2017年3月。

在武汉打拼的北京人

兆丰家饰工艺礼品店店主杨占芬是北京人，1959年大学毕业后分配来到武汉，与家住汉正街蔡家上巷的丈夫结了婚，一直按部就班地工作于塑料厂，每天从汉口到武昌上下班往返，家里4个孩子负担不轻。1979年，汉正街第一批“吃螃蟹”干个体户的人开始腰缠万贯了，经过思考，她决定退职，就在家门口的汉正街练摊，从1981年开始至1989年经营文化用品，1989年至1993年经营玩具店，后来升级为兆丰家饰工艺礼品店，经营品种从几百种发展到现在的上千种，产品主要销往湖南、陕西、吉林及湖北周边。

摄于2018年6月。

程师傅的补鞋摊

在物质匮乏的年代里，“新三年，旧三年，缝缝补补又三年”是会过日子的象征。来自四川广安的程师傅，就有一门修鞋的好手艺。1993年，沐浴着改革开放春风的汉正街乔家巷容下了他的补鞋摊，他瘦小而灵巧的双手为这一片新老居民的矫健步履提供了保障，也为一家人创造了生活来源。越来越多的鞋城既为他提供了修鞋的商机，也威胁着这门手艺的存在，因为年轻一代越来越不愿意修鞋了，穿坏了就直接扔掉，只有年老一代依然是他的忠实“鞋”粉。

摄于2015年6月，已拆。

下岗再就业的修车女摊主

1993年，岳玉华下岗了，年纪尚轻的她如何养活自己和孩子呢？满街奔跑的自行车、摩托车给了她灵感。汉口交通要冲的三民路铜人像旁，她租下了一个修车的门店，不管风雪交加还是艳阳高照，总有越来越驾轻就熟的修车女摊主忙碌的身影。

摄于2018年1月。

铜人像床上用品批发广场

紫燕黄莺弹妙奏
金猴玉兔弄春色

“藏”在巷子里的民间楚戏园

楚剧，是湖北省地方传统戏剧和国家级非物质文化遗产。随着人们娱乐活动的日渐丰富，传统地方戏面临不断冲击。“藏”在文书巷里、“既专业又平民化”的民间楚戏园坚守40年。20世纪80年代每天全天演出，后来每周演出三次，现在为每周演出一次，老戏迷们仍然对楚剧有一种特殊的偏好。

摄于2018年1月。

打理“三千烦恼丝”的假发店

土生土长的武汉伢项磊，在汉正街晴川桥边开了一家名为三星的假发店。当初仅仅因为他觉得假发很新奇，如今他打理的假发店已经成为20多年的老店。店里的假发品类开始仅百余种，今天却有两千多种，从店面直销到借助阿里巴巴的电商平台营销，武汉伢创造了一片打理“三千烦恼丝”的天地。

摄于2017年7月。

汉江边石码头的陶瓷店

20世纪90年代初期，沿河大道石码头正街附近渐形成陶瓷市场，有来自湖北本地的马口窑系列陶器，来自江西景德镇、湖南醴陵和广东、广西、福建等地的日用瓷器、工艺瓷器和少数建筑陶器等。后来因为物流限制和建筑陶瓷的异军突起，1996年多数经营户开始迁往西汉正街，2018年全部移出了石码头。

摄于2017年5月，已拆。

新安街

改革开放带来了中国人服饰的一场革命。汉正街商圈做服装批发的市场有：老鼠街、多福路中心商城、万商百马、品牌服饰广场、全新街、第一大道等等服装批发市场。2019年8月7日，汉正街40周年时尚盛典暨2019中国·汉正街服装服饰博览会在刚建成的汉正街广场开幕。

图为1986年后形成的新安街服装批零兼营一条街的一个门店。

摄于2017年6月。

大兴路上的鞋业商会

在武汉一向有“买衣服去汉正街，买鞋子去大兴路”的说法。从汉正街至六渡桥片区，曾经有银河鞋城、大兴路鞋类专业批发市场、沿江一号鞋城等三大鞋类专业市场，聚集了鞋业商户近千家，数量占武汉鞋业批发市场的70%，年销售额超过100亿元。2019年7月18日，三大市场的近千家鞋业企业、商户整合而成的鞋业商会成立，让商户“抱团取暖”，通过线上线下融合创新，推动产业集约化发展。

摄于2013年11月，已拆。

鼎力鞋市
France
加盟热线
OUTDOOR TRAVEL
MEIYA·魅Y

花楼街的铜器店

李师傅一家兄弟四人受父亲影响，在花楼街、统一街一带经营金属门窗、铜器（铜锅、铜碗、铜壶、暖手壶、暖脚壶）20多年。打铜是件辛苦异常的事情。一片铜在加热后，快速捶打六七次，就变硬变脆了，需要重新加热；如此反复加热五六次才有了器物的大致形状，用千锤百炼来形容打铜，再适合不过了。手工打制的铜器古朴、厚实，比工业化冲压的铜器更加经久耐用，富有收藏价值。因此，常有人大老远找来，订制这样或那样的铜器。琳琅满目的铜器这么一挂，老汉口的市井气息便扑面而来。

摄于2017年3月。

社区里的“白事”一条龙服务

人生既有起点，也有终点，只是不知道是何时。家中突发白事，往往令逝者家人措手不及，所以社区里总有“肃杀风景”而又必不可少的殡葬服务店，提供寿衣、花圈、入殓、诵经、送葬等一条龙服务，为远近居民的紧要时刻提供及时、节约而温情的帮助。

摄于2015年6月，已拆。

天地房
批发
寿衣
花圈

打版师傅舒海春

舒海春1968年出生于湖北仙桃。20岁时在仙桃学了一年多裁缝后去深圳学习服装打版4年多，又在武汉新安街学习打版近7年，再以后就一直在汉正街药帮巷从事服装打版。干了大半辈子打版，谈起打版业的发展舒海春颇有感触地说，打版最早由手工到笔式机，发展到现在喷墨机画裁一体，效率越来越高了。长年高强度的工作，让舒海春落下腰椎间盘突出的职业病。7年前，他开始教“90后”儿子学习制版，好在儿子从小耳濡目染，如今也能独当一面，并在电脑制版和互联网营销上远远超越了自己。2018年始父子开始学习服装3D试衣系统。

摄于2015年10月。

汉正街的打版行当

武汉曾经是服装出口的重镇，“汉派”服装也曾叫响全国。服装加工必需打版师，把服装设计师的款图和简单的尺寸打版做成纸样，再对面料等进行制图后裁剪，为大批量缝制服务。版型好不好，效果完全不同。汉正街服装打版在全国较有名气，多存在于药帮巷、大生巷一带。店铺由20世纪90年代初期的10多户发展到现在的100多户，开始一个版样可用几天，随着服装加工厂的裂变，出现了服饰小批量、多批次、个性化的潮流，现在的打版店经常一天需打几个版样，生意红火。

摄于2016年10月。

科艺制版
科艺工作室

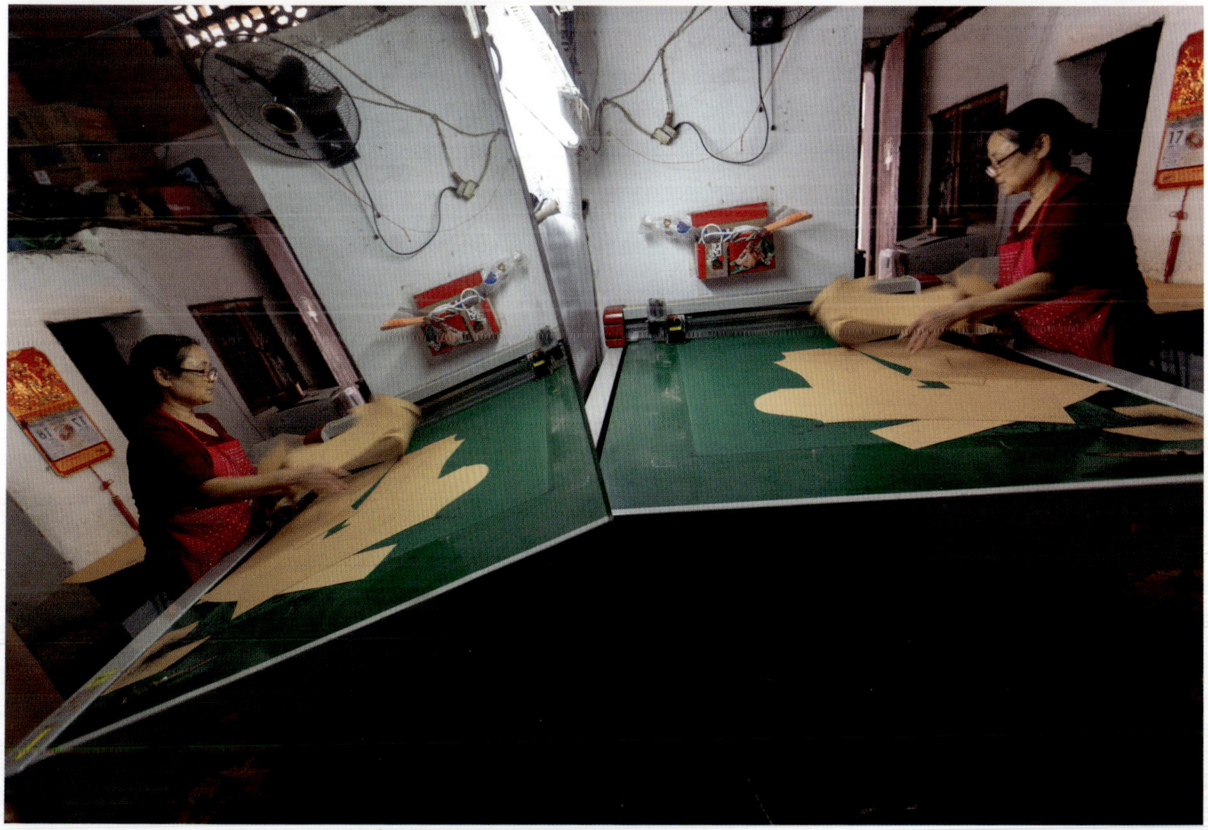

服装辅料市场

服装制作过程分多个环节，最重要的环节就是材料选定，材料中又分面料布匹和其他辅料，其他辅料统称服装辅料，包括里料、填料、拉链、纽扣、织带、饰品、嵌条、缝纫线、吊牌包装等。汉正街服装辅料市场的规模在全国可以位列前三名，目前商户达2000多户，产品主要销往全国各服装重镇。

图为服装辅料商会会长万朝红一手打造的服装辅料市场一景。

摄于2019年6月。

双龙裤业市场

位于江汉区友谊南路上的双龙裤业市场生意不错，在服装实体店生意日渐下滑的今天，他们已开始借助电商平台打理自己的生意了。目前一半以上的经营户已转为电商为主、门市为辅了。

摄于2019年6月。

江汉一桥桥头的糖果食品市场

走在改革开放前列的福建、广东、浙江等沿海地带商家率先生产休闲小食品，如话梅、糖果、饼干、干果等零食，1992年，他们把市场的触角延伸至汉正街江汉一桥桥头，并促成这里糖果食品市场的形成。2011年4月该地开始动迁打围，商户们打开围墙继续做生意，2018年底全部迁走。

摄于2014年1月，已拆。

集家嘴的干鲜调料城

中华美食色香味美，都离不开干鲜调料。“汉派”餐饮连锁店和小吃美食闻名遐迩，前者有三五醇、湖锦、太子、小蓝鲸等，后者有热干面、面窝、汤包、糊米酒、米粑等，还有外地实力派美食品牌荟萃大武汉。瞅准了商机的经营者在汉口集家嘴打造了武汉市著名的干鲜调料城，市场辐射全湖北和周边省份，为“舌尖上的中国”贡献颇丰。

摄于2013年11月，已拆。

喜铺

大桥
50年 调味品企业历史
临
干鲜调料城
地址：沿河大道25号
琼兴红枣批发
王兴干鲜核桃批发
云南 新疆 山西 陕西核桃仁 核桃果
强化安全管理 推动安全发展

老幼免费的理发夫妻店

王国华、张明红夫妇在东汉正街宝庆正街开了20多年的理发店，也见证了从“清汤挂面”的“革命头”到现如今的各种“时尚头”的转变，街坊邻里和过路的商贾们都成了他们简陋理发店的铁粉。近5年来他们对80岁以上老人和1岁以下幼儿理发实行免费。2016年因拆迁转移到硚口华生汉口城市广场。

摄于2015年3月，已拆。

从坐商到网商的湘妹子

来自湖南郴州的黄丽娟，2003年辞去稳定的银行工作，随丈夫来到这条古老的街道上批发纽扣，那时候夫妻俩的店子只有15平方米，里面摆放了上万种纽扣。每天，他们都要处理大量的数据，烦琐又重复。如今，他们成功打造了“壹钮扣”网这一网络交易平台，已经成为全国最大的辅料业务平台，平台入驻批发商近200家，500多家企业在平台上汇聚，飞速互换信息，一年的生意业务总额达到3000万元。

摄于2019年9月。

靓汤馆

“吃肉不如喝汤，喝汤不如闻香”，如果香飘四溢的汤头能够传承百年的话，它那喝汤的意义已经远远不只是那一口味蕾的满足了，更是促成了民族路上的袁森泰靓汤店已传承百年的“汤文化”。每天早上3点起床，原生食材精心配方，砂罐火候慢慢熬制，不仅美味好喝，还保健养生，“胜过药方”，造就了武汉堪称一绝的百年汤传奇。

摄于2014年6月，已迁。

吹糖技艺

中国民间传统技艺。吹糖是用手指挤压气囊将气体鼓入柔软的糖体内，糖体在气压的作用下膨胀，然后对之进行艺术造型的方法。1995年从江汉区凃家巷走出，现为中国民间传统技艺“非遗”吹糖绝技传人的朱红彦，2016年始每周末在吉庆街表演此技艺。

摄于2018年7月。

粉丝鸡汤 15元
粉丝老鸭汤 15元
粉丝蹄花汤 15元
海带排骨汤 15元
粉丝鸽子汤 28元
粉丝肚片汤 20元
粉丝乌鸡汤 18元
海带心肺汤 13元
米饭加咸菜 2元
一次性 盒 1元
百年老字号

花楼街上好琴行

花楼街是汉口保存时间最长的老街之一，因这条街上多半砖木结构楼房的屋檐和梁柱上彩绘花饰、门窗雕镂古香古色的图案而得名。《汉口竹枝词》描绘花楼街："前花楼接后花楼，直出歆生大路头。车马如梭人似织，夜深歌吹未曾休。"花楼街上有一家"梦之声琴行"，其培养的学生走上了"中国好声音"的舞台，获得了中国"好鼓手"的美名。

摄于2017年2月。

GECKO

来汉正街打货的客商

东、西汉正街市场密密麻麻地纵横排列和矗立着近百条街巷和新建的商厦。每天10余万操不同方言的打货人在其间自由流动，他们在横街纵巷间来往穿梭,“交织”出一幅五彩缤纷的“上河图”，印证了全国小商品市场第一街的盛名。操各种方言的打货人、卖针织服装的温州人、卖塑料五金的台州人、卖服装辅料的义乌人，鞋帽市场的福建人、箱包市场的湖南人、布匹市场的河南人，武汉城市圈中的大冶、鄂州、应城、大悟、潜江等市县的生意人……全国各地的商人们在此买进卖出，迎进送出，把生意做得红红火火。图为来汉正街批发年货的女商人。

摄于2014年1月。

漢正街
湖北省配货中心
地址:新天地1楼6号
吉利
圣诞装饰大卖场
10301

Illustrated Chronicle of Hanzheng Street

漢正街

图志

漢正街 图志
Illustrated Chronicle of Hanzheng Street

邻里人家
Life in the Neighbourhood

四十年的同业情

1979年，沉寂良久的汉正街突然刮起了改革开放之风——小商品批发市场启动了！103位“吃螃蟹者”成为全国首批个体经营者（个体户），随后吸引了不甘现状的弄潮人：

熊国汉（左一）——从区政研室调往汉正街管理委员会任副主任，并在2018年4月被中国市场学会批发市场发展委员会授予“全国商品交易市场终身贡献奖”；

邓佑贵（左二）——1980年放弃麻城供销合作社工作，来到汉正街经营鞋业；后来成为汉正街鞋业协会副会长；

余金水（左三）——放弃鄂州当老师的机会，来汉正街经营服装生意；

刘世超（右一）——汉正街总商会副会长；

杨占芬（右二）——当年是四个嗷嗷待哺的孩子的母亲，为了养活孩子们而辞职干个体，后来成为硚口区个体协会会长及省、市个体协会副会长，汉正街商会秘书长；

徐天鹏（右三）——1994年从国企辞职来到汉正街，率先成立了有限责任公司，后来成为汉正街文化用品协会会长；

从意气风发的青年干到满头华发，跟随汉正街走过了40年，畅谈往事，大家无不感慨万千……

摄于2019年6月。

STORMBOYS

巷子里来张大合影

一个里弄就是一个大家庭，搬迁到新房子之前，民族街武胜社区的居民们在巷子里来了一张大合影，未来的日子里，他们一定能记住这永恒的瞬间。

摄于2015年6月，已拆。

美好蓝图下的邻里人家

东家的爷爷带回了放学的孙子，在石头桌子这里遇到了西家的奶奶，在墙绘的亭台楼阁映衬下拉起了家常。老人家们在大董社区里抬头不见低头见几十年，谁家里头疼脑热都了如指掌，整个里巷的居民如同一家人。

摄于2013年5月。

在社区里健身器材上锻炼的居民

原来以为会做一辈子邻里街坊的居民们，没有想到这么快就要因拆迁而各奔东西了。会搬到哪里？什么样的环境？哪里还有这么熟悉的邻居和生活？宝庆社区剩下还未搬走的居民，使用着健身器材，双手“荡不起双桨”，心却在远方——今天，迁往他处的你们还好吗？

摄于2014年5月，已拆。

咊諧江漢
幸福民族

中信银行
宝庆社区与汉正街支行共建宣传栏

梦洁家纺
上海晋帛家纺
305-308号

身居蜗居天地宽

汉正街的老房子多为二至三层红瓦房，一百多年来，这里生活了“老一辈”“长一辈”“这一辈”“下一辈”，横向生存空间日益逼仄，晾晒衣服被单只能“向天空争自由”。四周高楼已抢占城市高空，老房子渐渐成为中心城区的孤岛。拆迁，搬走，寻找新的生活空间是生活向前的不二选择……

摄于2015年5月，已拆。

年年有鱼的湖南人

湖南人过年信奉年年有“鱼”，打码头到了武汉的湖南籍老人也继承了这样的传统，尤其是烟熏鱼是他们特别值得炫耀的东西，被列为家庭财富之一。以前，谁家屋里挂的烟熏鱼多，就会受到四邻的夸赞；谁家要嫁闺女，都挑熏鱼多的人家嫁，因为他们认为这样的人家姑娘嫁过去以后可以丰衣足食。

一到年关，汉正街祖籍湖南的家家户户撑着长长的晒鱼杆，悬挂在屋檐下。只有腊鱼的出现，才会让人感觉到过年的味道和气氛。

宝庆正街周边住着很多祖籍湖南宝庆府的居民，他们一直沿袭制作湖南特色的熏鱼。此为家住东汉正街宝庆公坪的湖南籍女子正在巷子里做熏鱼。

摄于2015年2月，已拆。

巷子里的晚餐

曾几何时汉正街人的餐厅、厨房都在巷子里，每到吃饭时分，锅碗瓢盆奏响了交响曲，炒锅里的香辣味立刻弥漫了条条里弄，吸引着不期而来的街坊邻居们，唏嘘赞叹。日子便是这样周而复始。

每到炎炎夏日，竹床、蒲扇都是居家标配。图为夏日里在广福巷门口就餐的夫妻俩。

摄于2015年6月，已拆。

E-185

幸福的时光

晨光正好从二楼楼梯口照射到紫竹一巷的一户人家门前，照亮了斑驳的木头板壁，凝固了“老中小”三代生活的这一刻。

摄于2015年9月，已拆。

拆迁在即，紫竹巷已90岁的婆婆与重孙女在屋前嬉戏。

摄于2015年10月，已拆。

紫竹巷
35
离第一阶段奖励期限
还剩18天

百岁老人黄河清

黄河清（一排左四），1916年5月2日出生。老人共生育5个子女，婆婆76岁时去世，现与小儿子生活在一起，住民族街大董家巷33号。老人性格开朗，生活非常有规律，一生喜爱看报、看球赛、看京剧，喜欢打太极拳。27岁时被诊断患有肺病，从此开始运动，每天4点多起床，跑步到中山公园，或去龟山打太极拳，一坚持就是70年。喜欢吃清淡食物，早餐为鸡蛋、芝麻糊、豆浆等。中餐为红萝卜、南瓜、鱼及牛筋等胶原物质。晚餐以面食为主，配以酸奶、点心等，每天晚上10点前就入睡。心态好，儿女孝顺，80岁登上长城，游天安门。图为黄河清百岁时一家五代合影。

摄于2016年5月。

小巷里飞出金凤凰

武胜里一居民家中，在外地工作的夏丹(右二)(武汉某理工大学硕士研究生毕业)与奶奶、爸爸、妈妈在老屋里的合影。摄于2015年10月，已拆。

安心待迁的日子

党的拆迁政策好，让老百姓心里有了定心丸，尽管熟悉的家园变成了废墟，东汉正街还未签约的居民仍然自在地在废墟前打起了扑克。

摄于2015年4月，已拆。

老棋友和小伙伴。江汉区恒太里三位老人与三个小孩各得其乐。

摄于2014年3月。

禁放烟花爆竹、为
建设文明、生态、宜居
城市作贡献。

小巷里的童年时光

节日里在即将拆迁的巷子里玩耍的小伙伴们。童心未泯的大人也一起摆个pose合影留念。

摄于2018年10月。

小哥俩来一局。

摄于2015年10月。

小巷日常

涂家巷里总是人来人往，相逢未必相识。看小狗嬉耍，过平淡日子，安安乐乐就是福。

摄于2017年4月，已拆。

防雨 防晒 防尘
空调"罩"
10
10

满室烟火气，更有墨宝香

1928年出生的冯伟，10多岁开始学习书法，退休前在江汉大学校办企业管理中心工作，老伴1933年出生。二老与儿子一起住在六合里3号20多平方米的狭小住房里。拆迁后有了单独房间作为书画工作室，圆了多年的梦想。他是小巷里少有的书法家，每当春节找他写对联的街坊邻里络绎不绝。图为拆迁前冯爹爹在集卧室、客厅和书房于一体的空间里进行书法创作。

摄于2015年5月，已拆。

“扁担”朱树海

一条扁担既“挑”出一家人的生计，又“挑”出一家人的团聚。来自湖北应城租住长堤街1080号的“扁担”朱树海（后排右二），20世纪80年代一个人来汉谋生，家中老人去世后，将农田租给他人，将妻子和三个女儿先后接来汉正街，女儿做服装辅料生意。朱师傅现由“扁担”升为“拖夫”了，三个女儿均已成家，外孙子们都在武汉读书。

摄于2016年7月。

架、套袋、包装袋
带袖条、包边条等
13971394519 13071224517
订做
商标、吊牌、吊粒、纸盒、纸袋、
无纺布袋、胶袋、拉链袋
地址：长堤街1081 电话：13554398385 15927065965
面瘫口眼歪斜
液臭（狐臭）
理疗馆
快速打印不干

怀揣梦想的孩子们

简陋家中的宁静时段，辛劳一天的父亲拿着手机放松片刻，为梦想而努力学习的儿子正安静地做着作业。

摄于2015年5月，已拆。

在汉正街周边上学的孩子，放学后在父母摊位边做作业，等候父母一起回家，他们小小年纪便明白了生活的艰辛，他们的未来是在父辈打拼的汉正街还是在另一番天地中?

摄于2012年11月。

为梦想而努力

空间狭小，梦想远大

在打围的巷子里依然相伴成长，享受美好童年的小朋友。

摄于2014年8月，已拆。

在老屋门前小桌椅上做作业的双胞胎兄弟。

摄于2014年5月，已拆。

LOVE

千年古刹里的学习潮

在栖隐寺国学院学习中华优秀传统文化的小朋友。
摄于2018年7月。

小朋友利用暑假在武汉栖隐寺免费学习国学和太极拳。
摄于2018年7月。

读国学经典

我家就在汉江边

汉正街地处长江、汉江交汇处，居民们夏日常在此游泳消暑纳凉。

摄于2017年8月。

长江水上义务救助队

2014年，王家巷游泳协会的一名队员为抢救几名溺水者，由于体力不支献身于长江里，此举受到武汉市政府表彰。为抢救更多的长江溺水者，长江水上义务救助队成立了。2015年，由游泳协会成员组成的长江水上义务救助队龙王庙支队成立，队长是周谋望。很快，全市在长江、汉水游泳的会员都成为义务救助队队员。他们说，加入救助队既可以一起锻炼身体，又可以帮助他人。

摄于2015年12月。

楼顶天地宽

汉正街寸土寸金，里巷楼下都成为了商铺，聪明的人们将屋顶变为花园、果园、菜园。

图为江汉区小夹社区楼顶的一番景象。

摄于2012年6月。

屋顶菜园喜获丰收，左邻右舍的一起来体验采摘的乐趣。

摄于2012年7月。

民间楚戏乐园

在楚戏园里听楚韵汉腔，喝清香的茶水的，多数是楚戏老演员，他们换上戏装可以上台唱一首，换下戏装便成为麻将桌上的牌友。张学兰1938年出生于武汉，1958年下放到云梦，在云梦楚戏团学戏后渐渐有了名气，20世纪六七十年代演戏名气越来越大。为了赚更多的钱养活家人而回到武汉。1992年来到楚戏乐园。80多岁的她常在此打麻将，偶尔上台唱一段，度过闲暇时光。楚戏团吴团长介绍，曾经长年光顾民众乐园的戏迷，后来都集中在这里看演出，直到现在仍保持着“打赏”这个习惯。“以前每周三、四、五下午演出，现在每周三下午演出，雷打不动，就算只有三四个观众，也演。”吴团长说。

摄于2019年4月。

我也很潮

武汉是一个可以迅速吸收时尚潮流文化的城市，许多的年轻人，衣食住行方面爱追求个性化，特别是穿着打扮不喜欢千篇一律，追求新奇的人越来越多。图为乔家横巷一小伙子正坐在门口，想给自己理个酷酷的发型。

摄于2015年9月，已拆。

小巷里的闲暇时光

古老的巷子，铺着麻石板的路，收藏着岁月的痕迹，一砖一瓦都散发出浓浓的生活气息。图为东汉正街大水巷的日常。

摄于2015年5月，已拆。

老武汉的味道——煨汤

煨汤文化在湖北源远流长，“无汤不成席”也成了筵宴上一个不成文的规定。武汉煨汤技艺于2011年被列入湖北省第三批非物质文化遗产保护名录。一罐排骨藕汤便能勾起人们的乡愁。其实幸福也许就藏在一碗热气腾腾的汤里。

图为大泉隆巷的空巢老人辜婆婆依旧保持着用沙铫子煨汤的喜好，以此怀念与老伴相濡以沫的岁月、与儿女们共享天伦之乐的时光。

摄于2014年4月，已拆。

小巷里的稀奇事

小巷内时光慢流，小巷外日新月异。手机家电不断升级换代，经营家电回收的生意人驻足小巷，与住在小巷的近80岁的张爹爹和张婆婆一起看稀奇——墙壁上的手机投影。

摄于2018年8月。

高价回收
空 冰 电 彩 洗 手
衣
调 箱 脑 电 机 机
手机：13628612633
武汉5
89445

街坊邻里

时任民族街武胜社区书记汪慧敏（右一）视居民如亲人，居民熊金玲热情地为其倒茶，以表谢意。

摄于2015年6月，已拆。

初夏傍晚时分，里弄里共同生活几十年的好兄弟，常常一起下象棋打发时光。在你输我赢的哈哈声中度过无数个平凡的日子。

摄于2015年5月，已拆。

邻里守望

江边垂钓

汉正街地处两江交汇处附近，汉正街商户和此地居民们常在江边钓鱼，夏日在此游泳。

摄于2016年8月。

百年老字号澡堂——清心池

新民众宾馆清心池是从民国起就开始运营的澡堂，是个百年老字号，武汉市少有的老澡堂。当年日军侵占武汉后，曾一度被日军征用。来洗澡的除附近老街坊外，也有来自武汉三镇的居民。

摄于2019年3月。

紫竹巷里的温馨时光

古旧的小巷，虽然狭窄，却在许多人的脑海中留下了温馨的记忆。与灿烂笑脸对望的是祖母慈祥的笑脸和充满期望的眼神。从祖母那里，总有学不尽的儿歌和童谣，这些儿歌和童谣是曾经滋养了小巷里若干代人的精神食粮。

摄于2015年8月，已拆。

汉绣传人任本荣

汉绣，中国特色传统刺绣工艺之一，以楚绣为基础，融汇南北诸家绣法之长，糅合出了富有鲜明地方特色的新绣法。任本荣（左一）是汉口老绣花街走出的最后一位汉绣传人。12岁那年，他在父亲的引导下进入汉绣行当，当年并非是靠兴趣去做学徒，而是为了“混口饭吃”。学习汉绣的剪样、画活、配色、刺绣、成装等全套工艺流程，后到中央美术学院学习两年。现在他是精通汉绣50余种针法的省级汉绣传承人，女儿、孙女又都传承了他的手艺。图为任本荣及女儿任炜与49年前任本荣夫妻和女儿的照片合影。

摄于2018年7月。

“劳模”周月华幸福的晚年生活

曾在汉正街担任过居委会干部的周月华，老年在江汉区社会福利院度过，在福利院上老年大学，帮助低龄老人，受到大家称赞，她见人就说：住江汉区社会福利院比家里还好哩！

图为周月华与她在1952年当选“全国劳模”时的照片合影。

摄于2017年1月。

李望彩和她的结婚照

经朋友介绍与丈夫相识，后二人相爱、结婚，相濡以沫，共度一生，经历一个世纪的百岁老人李望彩和她与丈夫拍摄于中华人民共和国成立前的结婚照合影。

摄于2017年6月。

“盲侠”郑举选

郑举选，汉正街第一批拿到个体工商执照的103个沿街摆摊的小商户之一。从1993年算起，郑举选离开汉正街已经26个年头了。当年他是这条街上的风云人物，走南闯北的生意人第一次来汉正街，大多慕名来见识一下“盲侠”郑举选。2018年12月在人民大会堂庆祝改革开放40周年大会上获“改革先锋”称号的郑举选与2002年时的照片合影。

摄于2019年1月。

汉正街走出来的赵来民

20世纪70年代出生于温州乐清，大海边长大的赵来民，1989年以裁缝学徒身份来到汉正街创业，如今成为银河联盟集团总裁。2017年银河集团与中通快递合作，建立云创科技仓库,将传统产业升级成全供应链智慧平台。线上下单，线下远程发货，不断在新零售领域开拓尝试，积极打造现代商业物流大数据时代企业。酷爱工作的他，在工作之余喜欢游泳健身，用运动将事业和生活有机相连。

摄于2019年6月。

平
氣

贷款

老巷里的喜事

老巷里谁家的闺女出嫁或者谁家的儿子娶媳妇,街坊邻居们一定会在欢欢喜喜中把巷子里“堵”个严严实实。

摄于2015年10月,已拆。

Illustrated Chronicle of Hanzheng Street

漢正街

图志

漢正街 图志
Illustrated Chronicle of Hanzheng Street

挥别故园
A Farewell to Homes

粽叶飘香话端午
幸福和谐邻里情

和谐邻里情

就要搬走了，多年熟悉的老街坊以后见面机会不多了，民族街凃家社区的居民们在社区居委会的组织下，每户拿出自家拿手好菜，附近餐馆送来大菜，社区又送来绿豆糕、粽子等，大家借端午节围坐在一起家长里短地聊个够，观看自编自演的节目，留影、录视频，留住珍贵时刻的记忆。

摄于2016年6月，已拆。

再见，老房子

“离别”一词多为伤感，家住武胜三巷周女士搬家前从墙上取下老伴的遗像。

摄于2015年12月，已拆。

姚永贵，1953年出生于黄陂，多年前在黄陂做三鲜元子赚钱后在统一街64号购得二室一厅住房，一家三代9个人住在此。隔壁左右都搬走了，小巷里的烟火也冷清了。他也要离开了。再见，老房子！

摄于2018年8月，已拆。

拆

征收政策是颗定心丸

动迁安置，征收政策是核心，征收补偿方案以评估机构确定的房屋市场交易价格作为补偿基础，还设置了按期签约搬迁奖励、货币安置补偿、搬迁补助、临时安置补助、附属设施补助、困难补助等多个补助，不足40平方米的住房按40平方米计算市值等。拆迁户们虽有诸多不便和困难，但安心踏实。

摄于2015年10月，已拆。

因病在老屋里躺了20多年的老人，在民警背他离开的那一会儿双眼满含泪水，这泪水饱含着对未来新房子里新生活的憧憬。

摄于2014年3月，已拆。

开始
签约了
！
尺子量到底 阳光操作更公平

September 九月
October 十月

家虽旧，仍不舍

离开位于乔家巷的老房子时夫妻俩不约而同地回头再看一眼。

摄于2015年9月，已拆。

搬家行动

肩背人扛，将陪伴多年的家什一点点搬走。

摄于2015年9月，已拆。

搬家公司的小伙子手脚麻利地帮居民把伴随多年的老物件蚂蚁搬家似的搬出旧屋。

摄于2018年7月，已拆。

拆
③

是金钱 观望就是损失

带头搬迁

家住武胜三巷的柳腊梅，已80多岁，有5个儿女，老伴在20世纪六七十年代去世。20世纪80年代她曾在本社区任居委会干部多年。政府开始征收后，她带头收拾自家多年的瓶瓶罐罐、衣服铺盖搬迁。巷子狭小，搬家车无法进入，靠着三轮小货车运出。搬家当天，柳腊梅的儿女们都来帮忙。

摄于2015年9月，已拆。

征收指挥部安排的搬家公司帮居民们把陪伴多年、不舍扔弃的家具搬到车上。

摄于2014年3月，已拆。

祥和干洗
先签协议优选房
楼层户型好朝向
拆②
拆④

黄蚂蚁

用心呵护，贴心服务

彭健达家没现房前先搬到复兴村租住地过渡一下，2019年7月分到江汉人家新房。

图为他搬家时，征迁指挥部安排的搬家公司小心翼翼地帮他搬家什。

摄于2018年7月。

养生馆
18872787498 18371833224
15027112151
演绎自然 共享天寿
权健养生馆

国夢
CHINESE DREAM

憧憬新民居新生活

搬离老宅，迁入新居，条件改善，人们生活品质相应提升，从“将就”到“讲究”，从“忧居”到“优居”，从平房到电梯房，实现了多年的梦想。

摄于2018年8月，已拆。

改天换地新气象

随着棚户区改造的推进，一个绿树掩映、高楼林立、道路干净、宜人宜居的汉正街正从规划变为现实。

图为家住东汉正街的一位父亲牵着女儿走在拆除的工地上。

摄于2015年12月，已拆。

Illustrated Chronicle of Hanzheng Street

漢正街

图志

岁月留痕

Evoking Memories of the Past While Living in the Present

1

2

3

4

地界碑

1 汉阳万南纪堂、黄安谢三元堂地界碑

2 汉正街扁担巷里胡守慎堂地界碑

3 中和里黄三和堂地界碑

4 花楼街新华织带厂石拱门前太平义成合地界碑

5 三义里14号麻城唐余庆堂地界碑

6 三义里10号武昌熊江陵堂地界碑

5

6

房屋构件

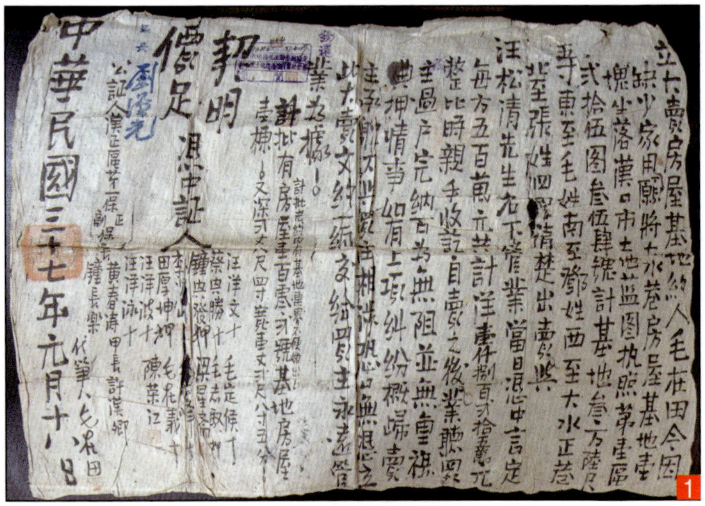
中華民國三十七年元月十八日
契明

1

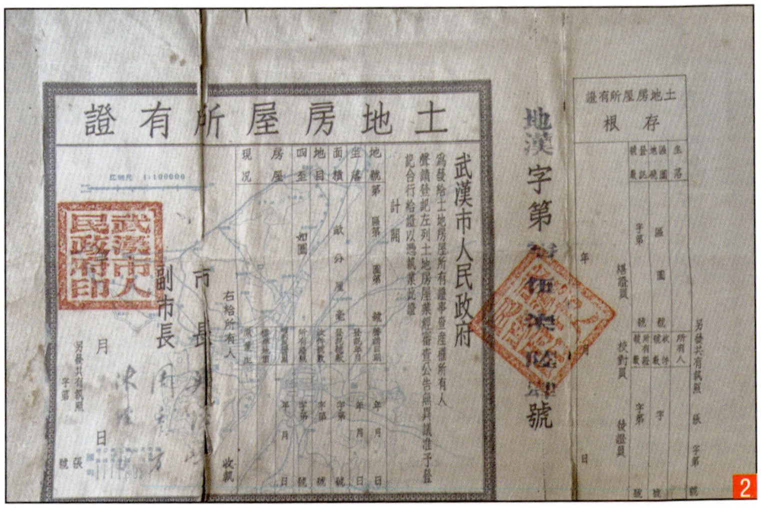
土地房屋所有證
武漢市人民政府
武漢市人民政府印
市長
副市長
土地房屋所有證存根

2

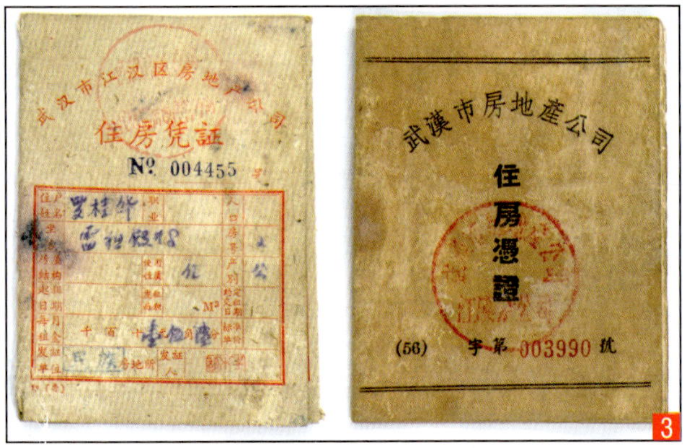
武汉市江汉区房地产所
住房凭証
No 004455
武漢市房地產公司
住房憑證
(56) 字第 003990 號

3

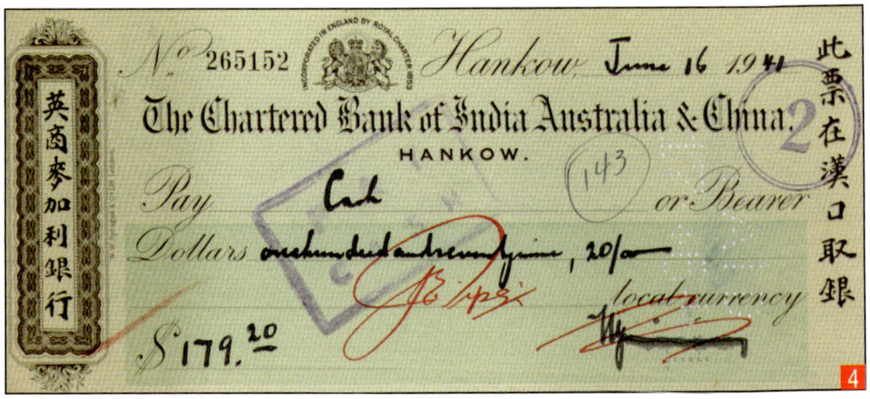
No 265152
Hankow June 16 1941
The Chartered Bank of India Australia & China.
HANKOW.
Pay
or Bearer
Dollars
local currency
$179.20
英商麥加利銀行
此票在漢口取銀

4

國幣
伍仟元正
廈門勸業銀行台照
077270

5

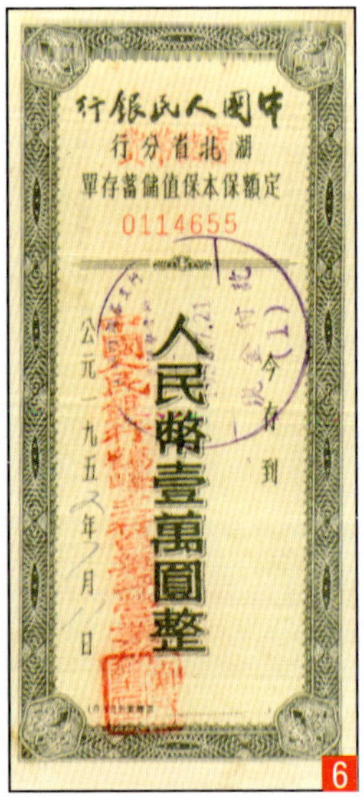
中國人民銀行
湖北省分行
定期保值儲蓄存單
0114655
人民幣壹萬圓整

6

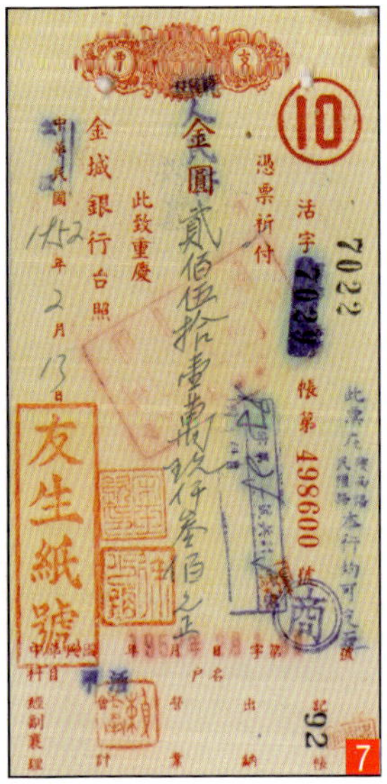
10
憑票祈付
金城銀行台照
此致重慶
友生紙號

7

公私合營民生輪船股份有限公司股票
金股
人民幣
貳仟貳佰陸拾萬
元整
董事長 周孝懷
副董事長 李一清
張文琦
鄭東琴
吳晉航
投資股數壹佰壹拾叁股
每股金額人民幣貳拾萬元正

8

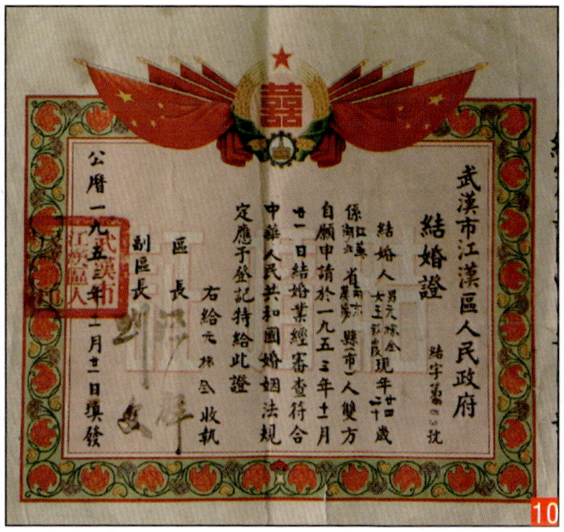

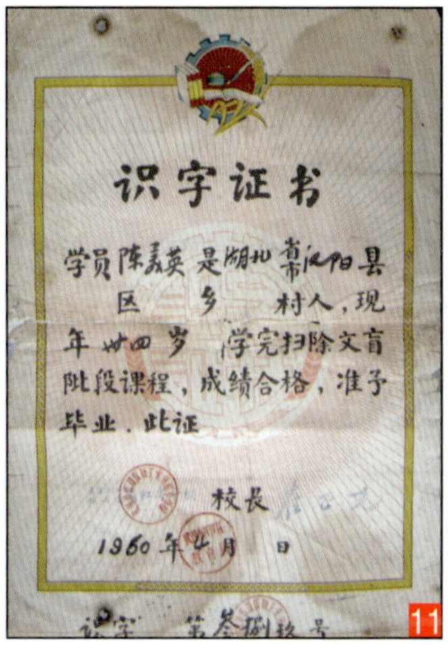

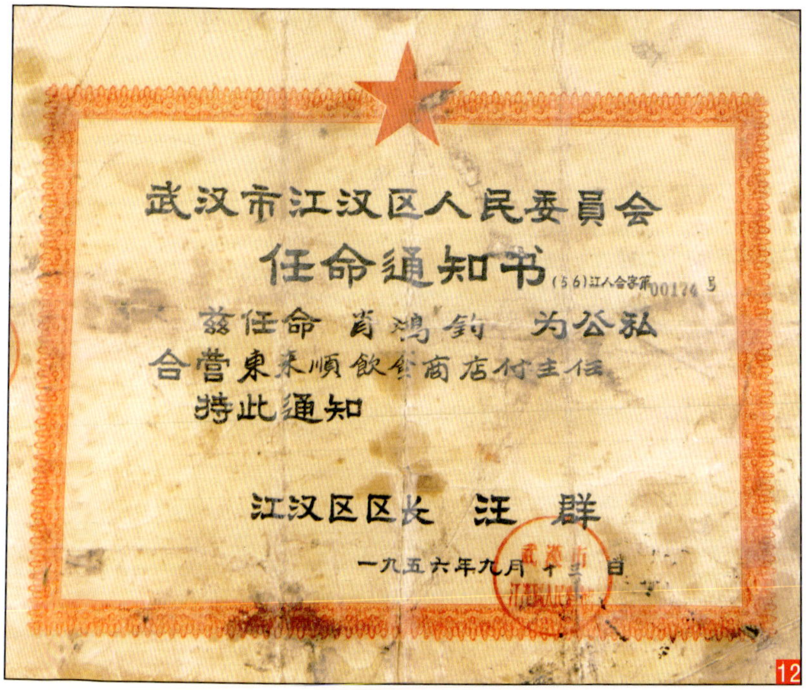

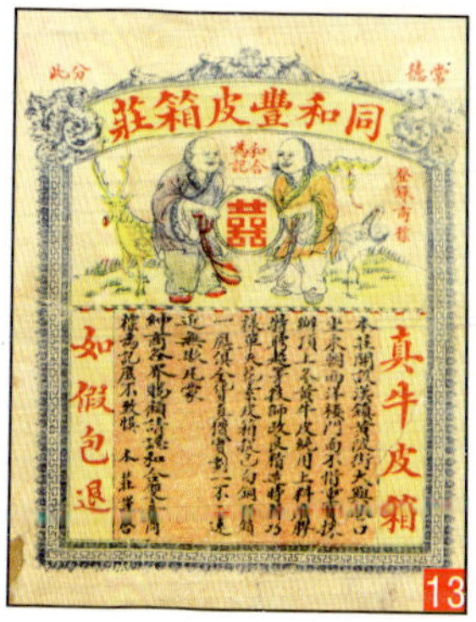

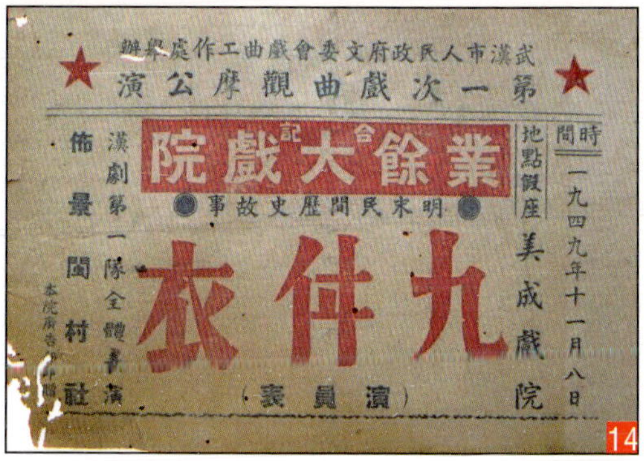

1. 1948年汉正街房屋契约
2. 20世纪50年代初的土地房屋所有证式样
3. 1956年汉正街紫竹片区雷祖殿居民住房证
4. 创建于1853年的麦加利银行，在汉口设分行。此为汉口分行1941年的支票
5. 1944年厦门劝业银行支票
6. 1952年的中国人民银行湖北省分行定额保本储蓄存单
7. 1952年金城银行支票
8. 1954年民生轮船股份公司发行的股票
9. 1946年汉正街居民结婚证
10. 1953年结婚证
11. 1960年的识字证书
12. 1956年东来顺饮食商店副主任任命书
13. 民国时期黄陂街大兴巷口同和丰皮箱广告
14. 1949年11月武汉戏曲观摩公演汉剧《九件衣》广告

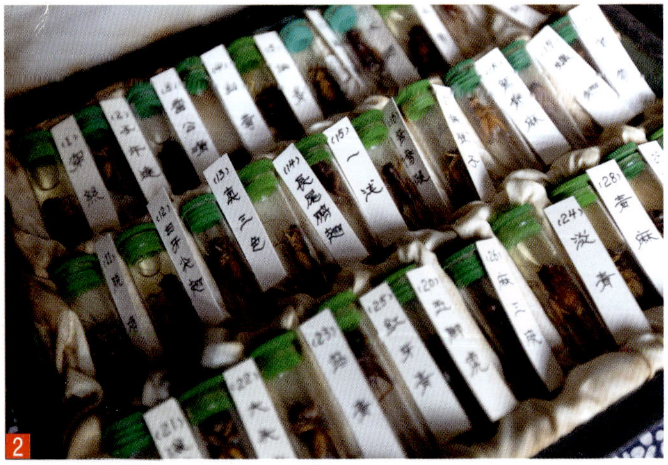

1 汉正街居民刘凤高收藏的咸丰帝和同治帝分别赏赐给曾国藩、曾国荃兄弟的清代紫貂毛皮朝服。

2 汉正街居民刘凤高收藏的蟋蟀标本。据说此为杜元彬先生收藏的120枚蟋蟀标本。均属武汉三镇的名虫名将。

3 汉正街居民刘凤高家收藏的蟋蟀盒。

4 柜子上的铜扣件

5 柜子上的铜扣件

6 铜鞋拔子

7 铜水烟壶

8 铜水壶

门

门饰

门牌

安徽街 9
保寿巷 33
燕山巷 218
汉坊街 5
多福巷 10
汉瀛巷 10
恒源里 29
同兴巷 13
汉正上河街 18
汉正下河街 4
同益里 4
江汉桥巷 1
扁担巷 6
长江巷 7
淮盐巷 13
宝庆三巷 59
宝庆四巷 7
宝庆五巷 4
宝庆六巷 22
宝庆七巷 15
永宁四巷 30
板厂街 50
板厂一巷 6
板厂二巷 29
板厂四巷 12
四道街 93
下正街 412
福建村 68
福建村 68附1
扶轮新村 47
天德里 26
麟趾新村 24
韦桑路 76
韦家桑园 41
钱板巷 8
转车楼三村 14
徐州二村 43
徐州三村 60
徐州四村 26
徐州五村 10

宝庆八巷
17

宝庆正街
33

宝庆三街
BAO QING SAN JIE
27

宝庆八巷
25

宝庆正街
42

宝庆三街
27

恒太里

后记

汉正街是萦绕在我心头挥之不去的情愫。我母亲1929年出生在此，舅伯、表哥、表姐都出生在此，姐姐嫁到此，舅妈逝于此。小时候我去舅伯家，从繁华热闹的中山大道往里一拐，仅几步之遥，老巷的古朴端庄就马上用一种最宁静的温暖把我包围，穿行于逼仄的小巷，不禁被林立的店铺、拥挤的人潮、琳琅满目的商品、沿途的吆喝叫卖声深深吸引。岁月在流逝，时代在变迁，不知何时起，小巷墙上布满了“拆”字，接着“谦祥益”“老凤祥”不见了，文化电影院消失了，数千家加工厂迁移了，舅伯、表哥也搬走了。渐渐地，街区人去楼空，高楼代替了矮房，人们的生活状态在变，老的业态正以惊人速度消失。多年前编撰地方志的经历，让我惊喜地开启了看汉正街的另一扇窗：“万里茶道”从此起源；淮盐巷曾成为转输总口岸，书写过半部近代盐务史；河南怀帮拼出药帮传奇。这里有清道光十四年（1834年）重修且仅存的唯一一座老桥，有始建于1668年的新安书院旧址，有大革命时期中国共产党在武汉地区公开出版发行革命书刊的第一家书店旧址，这里诞生了汉口的第一度电、第一根棉纱，布匹大王、针线大王等都云集于此，还一度成为我国城市经济体制改革的“试验田”与“风向标”。

2011年开始，汉正街就不断传出要整体搬迁的消息。2013年，武汉市政府整体搬迁汉正街的决定正式出台，作为摄影爱好者的我，一直思索着，在大变革中如何留住乡愁。老建筑、老街巷是城市的风韵所在，联系着汉正街人的血脉亲缘，包含着汉口500多年的文化脉络。这里的青石板、红瓦白墙、木质亭台楼阁都浸润着浓浓的岁月积淀，蕴藏着太多城市故事和动人的秘密。今天的记录不仅为以后留下宝贵的记忆，也为历史留下珍贵的视觉资料，因为“影像比我们活得长久”。2011年起，我从其他拍摄内容中脱身，摒弃四处追光逐影，开始尝试有文案、有计划的全景式、文献记录式拍摄，用影像表达自己对这段历史的独特记忆和理解。几年来我走遍了汉正街的大街小巷，入户700多家，与5000多位住户和客商沟通、交流，送去祝福，收获友谊，拍摄了8万多张影像资料。功夫不负有心人，我的拍摄内容也逐渐丰满起来，逐步形成了街巷地标、百业百工、邻里人家、挥别故园、岁月留痕等多个篇章。

我与汉正街的亲近，总是那么笃定又从容。似乎是冥冥之中的安排，仿佛是命运的眷顾，何其有幸，充满感恩：江汉区委、区政府将我抽调到汉正街紫竹片征收指挥部工作，汉正街控股集团指派专人与我对接，武汉市文史专家董玉梅给予我文史方面的专业指导……不一而足。特别是常年栖居在汉正街的居民，从路人到熟人再到朋友，给了我极大的支持与力量。忘不了，2013年我第一次去硚口区大泉隆巷的时候，那些期许的眼神；忘不了，我在巷子里一次次的奔走和交流，动之以情；忘不了，辜婆婆那热气腾腾的暖暖的排骨汤，王婆婆聊家常那亲切的唠叨；忘不了，全国保存完好的慰安妇遗址里的新民众浴池一班人对历史的回忆与述说；从药帮巷、大生巷里的服装打版师开始见我的躲躲闪闪，到争相找我拍摄，直至汉正街服装打版行业协会成立，我一直致力于用手中的相机唤起关注、扩大影响、传播文化。行业的复兴、汉正街人的欢笑，让我欣慰而又真切地体会到：影像的魅力，真的可以让一种情怀落地。与此同时，我边拍摄边学习，翻阅了大量有关汉正街的书籍。几年来虽日子略显单调，却甘之如饴，结交了很多朋友，融入了他们的生活。

本书的编辑、审稿、成书过程中得到著名摄影理论家丁遵新老师，当代著名诗人、翻译家徐淳刚老师，中国摄影家协会纪实委员会委员、湖北省文联副主席杨发维，武汉市摄影家协会主席麻建雄，湖北美术学院教授方肃，摄影师杨钦军等老师的指导，他们的浓情厚意我将铭记不忘。著名作家、中国作家协会儿童文学创作委员会委员、武汉市文联副主席董宏猷除为本书作序，还给予很多宝贵建议。武汉市档案馆研究员宋晓丹、武汉图书馆馆员王钢等对书中文史资料进行审核，武汉长江建设汉正街控股有限公司、汉正街市场管委会负责人给予热情鼓励和大力支持。尤其是姚一龙夫妇，用他们深厚的编辑功底，“化腐朽为神奇”。没有以上各方的鼎力相助，就没有今天图志的出版。对此，谨向给予此书支持和帮助的各级领导、老师和朋友，致以最诚挚的谢意！

囿于水平，用影像述说意蕴绵长的汉正街故事，不免挂一漏万。敬请专家和读者批评指正。

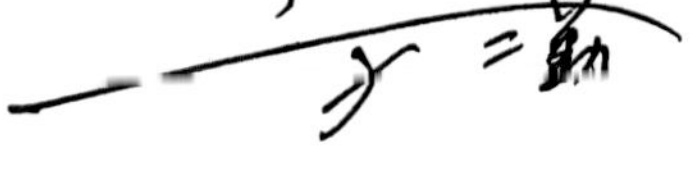

2019年5月30日

原汉口镇街道图

2000年的汉正街区域图

方三勤

中国摄影家协会会员
中国摄影著作权协会会员
湖北省摄影家协会会员
武汉摄影家协会会员

2013年《圆梦》获武汉摄影家协会第二届艺术展记实类金奖
2013年9月《乐在其中》入选亲情中华——世界华侨华人摄影展
2015年《就地取材》《奶奶，您好亲和、慈祥呀！》《回家》入选伊朗海亚姆国际摄影展
2016年6月作品《观灯》入选中英摄影交流展
2016年6月作品《乐在其中》入选第五届摄影无疆界（ISF）国际女摄影家展览
2017年9月入选“国家摄影和图片银行摄影家 全球千人档案”
2017年11月《汉正街》在丽水摄影节中展出
2017年10月《金婚圆梦》入选中国摄影家协会、中外文化交流中心举办的中国故事作品集

编辑出版画册《醉夕阳》《紫竹印迹》等

作者微信二维码